आहटें आसपास

[कविता-संग्रह]

आहटें आसपास

पंकज सिंह

राजकमल प्रकाशन
नयी दिल्ली पटना इलाहाबाद कोलकाता

ISBN : 978-81-267-1906-8

मूल्य : ₹ 250

पहला राजकमल संस्करण : 2014

प्रकाशक : राजकमल प्रकाशन प्रा. लि.
1-बी, नेताजी सुभाष मार्ग, दरियागंज
नई दिल्ली-110 002

शाखाएँ : अशोक राजपथ, साइंस कॉलेज के सामने, पटना-800 006
पहली मंजिल, दरबारी बिल्डिंग, महात्मा गांधी मार्ग, इलाहाबाद-211 001
36 ए, शेक्सपियर सरणी, कोलकाता-700 017

वेबसाइट : www.rajkamalprakashan.com
ई-मेल : info@rajkamalprakashan.com

आवरण : सैयद हैदर रज़ा

मुद्रक : बी.के. ऑफसेट
नवीन शाहदरा, दिल्ली-110 032

AAHATEN AAS PAAS
Poems by Pankaj Singh

वर्षों बाद

'आहटें आसपास' के कवि ने 1966 में अपनी कुछ कविताएँ पत्र-पत्रिकाओं में प्रकाशित करानी शुरू कीं और लगभग डेढ़ दशक तक अपनी रचनाओं और नागरिक सक्रियता से समाज और भाषा में अपनी आरम्भिक पहचान पा लेने के बाद '80 में इस संग्रह की पांडुलिपि तैयार की। ढेर सारी प्रकाशित कविताओं की अनुपलब्धता के बावजूद, जो उपलब्ध हुईं उनमें बीते वर्षों की प्रतिनिधि कविताएँ तय की गईं। जो चयन में आ सकीं उनके प्रति सक्रिय आग्रह यह था कि वे ऐसी हों जिनसे काव्य की वसुधा के लोग 'आहटें आसपास' के कवि की उस यात्रा को जान पाएँ जो भाषा-संस्कृति और समाज के जीवन में उसने तय की थी। उस यात्रा में उसके जन्म का नगर मुज़फ़्फ़रपुर था, चम्पारण के गाँव चैता में खेतों, अमराइयों, चरागाहों और नदी के साथ की स्मृतियाँ थीं, इलाहाबाद-वाराणसी-दिल्ली-जयपुर थे और '78-'80 के दौर के पेरिस की सघन धूप-छाँह और अनुभव शामिल थे। मुज़फ़्फ़रपुर से लेकर दिल्ली (जवाहरलाल नेहरू विश्वविद्यालय) तक अमर्ष और संघर्ष की ऊर्जा और ताप से भरे छात्र-जीवन में साहित्य, संस्कृति, इतिहास, परम्पराओं, विश्व राजनीति और मार्क्सवाद-लेनिनवाद के अध्ययन से पूरित दुनिया को बदलने के स्वप्न से भरे युवा कवि ने क्रान्तिकारी व्यवहार को अंगीकार करने का संकल्प किया, कई बार गिरफ़्तार हुआ और आपातकाल की घोषणा होने पर भूमिगत होकर बिहार-बंगाल-उत्तर प्रदेश-मध्य प्रदेश से लेकर हिमाचल और पंजाब तक निरन्तर इन्दिरा-निरंकुशता के विरुद्ध सक्रिय रहा। उस पर आरोप था कि वह जनेवि के अपने साथियों के साथ मिलकर प्रधानमंत्री के विरुद्ध षड्यंत्र कर रहा था।

उन कठोर दिनों की आँच और पीड़ा ने कवि को और तपाया। उसके जीवन और मन का बहुत कुछ टूटा, परन्तु अपने ही सामर्थ्य से उसका बेहतर परिचय हुआ, अन्तरंगता हुई। '75 से '78 तक की जो कविताएँ यहाँ हैं, वे इसका साक्ष्य हैं।

जिस विश्वदृष्टि और प्रतिबद्धता को, जिन मूल्यों और प्रेरणाओं को इस कवि ने वरा, उनके अनुसार तोड़ने और रचने के उद्यम में उसकी कविताएँ और उसके जीवन का सारांश जरूरी तौर पर शामिल हुआ करें, ऐसा कवि ने निरन्तर चाहा। पिछली सदी में '47 के बाद—जब भारतीय सत्ता का हस्तान्तरण हुआ—यहाँ का समाज अनेक विभीषिकाओं का शिकार होता रहा। नये मनुष्य और नये समाज के निर्माण की जगह देसी-विदेशी पूँजी और मरणोन्मुख किन्तु आक्रामक सामन्तवाद के अजीबोग़रीब घालमेल वाले गठजोड़

ने जनवादी जागरूकता की ओर बढ़ते उत्पादक वर्गों के साथ सचेत मध्यवर्ग को भी दमन का निशाना बनाया। भारतीय शासक वर्ग ने '47 के बाद स्वायत्तता के नाट्य को अपनाने की कोशिश की, मगर नई सदी में पूरी निर्लज्जता से नव साम्राज्यवादी आकाओं और वैश्विक पूँजी के दैत्य के सामने घुटने टेक दिए हैं। देश के संसाधनों की निर्मम लूट और जनविरोधी नीतियों का ऐसा सिलसिला सामने है जिसने भारत की बहुसंख्यक जनता को स्तब्ध कर दिया है।

लेकिन पिछली सदी के महान जनसंघर्षों की विरासत को आगे बढ़ानेवाली ताक़तें आज भी परिवर्तन के लिए सुलगती हुई आग में अपने प्राणों की समिधा डाल रही हैं। दमन के लिए नई प्रविधियाँ, नये हथियार, नये विशेषज्ञ और सैन्य बल तैनात किये जा रहे हैं। दूसरी ओर, शासक वर्ग की उत्तरोतर बढ़ती जाती इन कारगुज़ारियों से, आम लोग अपने दुश्मनों के चेहरे को ज़्यादा स्पष्ट ढंग से पहचान रहे हैं।

यह समाज एक दीर्घकालिक युद्ध की प्रक्रिया में है। इस युद्ध को सामाजिक- सांस्कृतिक उत्पादन के सभी स्तरों पर महसूस किया जा सकता है। साहित्य में देह और पतनशील रोमानीपन की वासनाएँ जीवन के समस्त प्रतिरोध, पीड़ा और त्रासदियों को उत्सवों की चकाचौंध और अघाये हुओं के रंग-ब-रंगी अमूर्तन की हतवीर्य शिथिलता से ढकने की निष्फल कुचेष्टा में लगी हैं। शहरी केन्द्रों में पूँजीवादी 'लोकतंत्र' और इसके कारकुन अपनी सारी प्रवीणता से इस देश को शोषित-उत्पीड़ित मनुष्यों के नरक में तब्दील कर देने की विशाल परियोजना में लगे हैं। जन-जन के श्रम से अर्जित धनराशियाँ, हमारी सम्पदाएँ और सुन्दरताएँ जिस बर्बरता से लूटी और नोची-खसोटी जा रही हैं उस पर झूठ से भरे शब्दाडंबरों और जनसंचार माध्यमों के तुमुल कोलाहल और छल से परदे डालने की कोशिशें अहर्निश जारी हैं।

इस पूरे परिदृश्य में, 'आहटें आसपास' के कवि ने अपनी यात्रा के आरम्भ में जिन विश्वासों और दीप्तियों को प्राणों में भरकर रचने का यत्न-प्रयत्न किया था उन्हीं से आबद्ध और उन्हीं को समर्पित होने की अनिवार्यता वह पहले से कहीं ज़्यादा महसूस कर रहा है। उसके लिए कविता ऐतिहासिक समय के द्वंद्वात्मक यथार्थ, भाषा और जीवन में सदियों से सतत विकसित होते मानवीय सौन्दर्यबोध के बीच अनुभवों की संश्लिष्ट अन्तर्क्रिया की उपज है जिसका सामर्थ्य उसके संवेद्य और उपयोगी होने में है।

इस कवि ने पिछली सदी के आठवें दशक से अब तक जो जिया और किया, उसके वृत्तान्त और छवियाँ बाद के दो कविता संग्रहों–'जैसे पवन पानी' (2001) और 'नहीं' (2009)– में हैं।

और इसी संग्रह की तरह उन्हें भी पढ़ा और सराहा गया, इसका सन्तोष कवि को है।

साभार, सदा आपका

पंकज सिंह

अनुक्रम

यह सिर्फ़ भाषा का मामला नहीं है
कि शब्द
वास्तविकताओं के पक्ष में चले आ रहे हैं
लगातार

इवान इलिच, श्यामाचरण दुबे, शमशेर बहादुर सिंह
तथा
आनन्दस्वरूप वर्मा, अजय सिंह, मंगलेश डबराल, वीरेन डंगवाल, नीलाभ, विजय मोहन सिंह और आमोद कंठ के लिए

शरद के बादल

फिर सताने आ गये हैं
शरद के बादल

धूप हल्की सी बनी है स्वप्न
क्यों भला ये आ गये हैं
यों सताने
शरद के बादल

धैर्य धरती का परखने
और सूखी हड्डियों में कम्प भरने
हवाओं की तेज़ छुरियाँ लपलपाते
आ गये हैं
शरद के बादल

1966

पश्चात सच

धब्बों भरी एक चीख़
अटकी मिली
मृतक के स्वरयन्त्र में
टूटे हुए
शब्दों
में
लिपटी

जो जकड़ा था इर्द-गिर्द उसके
श्लेष्मा की तरह
वह क़िस्तों में निगला
भय था लगभग प्रस्तरीभूत
जिसने उसके सारे कहे को
नागरिक बनाया था जीवन भर

उसके विराट और
महान
लोकतन्त्र की सेवा में

1967

नष्ट होते जन्म लेते

पहाड़ काले जलते हैं जैसे
मेरे सपनों में
अगले दिनों में खुलने वाले रास्ते
उनके नीचे की
सुरंगों से गुज़रते हैं

उन सुरंगों से
जहाँ पुरखों की ख़ाक होती हड्डियों में
एक शोर
है गुलाम श्रम का
उनकी प्रार्थनाओं की मरती हुई
गन्ध है वहाँ
जहाँ से
उठती रहती हैं अब भी
सदियों की प्रेत गुँगुआहटें और कराहें

शब्द हैं वहाँ बन्द ग्रन्थागारों में
जहाँ
हमारे ख़ून के
रंग रोग़न से चमकती
दीवारों में सुरक्षित

बैठे हैं शत्रु पिशाचमुख
हमारी ठिगनी दुनिया और
मिट्टी के ख़िलाफ़
क्रूर तिकड़मों में मशग़ूल

बादल टालकर
तुम भी बढ़ो
टहनियों से लोहे के पाँव
जलो
जैसे काले पहाड़ जलते हैं
हमारी घृणा की आँच में

जलें बायें हाथ उठी मशालों से
और दाहिने
मलबों में दबे हथियार निकालें

उठें
लोहे की उँगलियों में दबे लोहे

यहाँ
एक एक को पहचान कर
तोड़कर
उधेड़कर
शहरों और अख़बारों को कवच बनाए ओढ़े
उन्हें
जिनकी मुस्कुराहटें हमें
राख करतीं रही हैं
और प्रत्यय होकर टिके रहे हैं
वे
लगातार मीठी मुनमुनाहट में

हमारी हड्डियों को कोयले और तेल
और ताँबे और कपास में बदलते

हमारी बची-खुची हरियालियों के उजाले
प्रवेश करें
अँधेरों में
हमारी आत्मा के पवित्र रक्त से
अभिषेक करते
ललाटों और बाँहों का

बढ़ें
भविष्य रचती अँधेरा पीटती
हमारी करोड़ों तनी मुट्ठियाँ
रौंदें
कमेरे किसान मज़दूर यातना रचती चेष्टाओं को
भूख उपजाती नीयत को

उठें हम
चलें सुरंगों के पार
नष्ट होते
जन्म लेते
लोहे और ख़ून और बारूद के उजाले में

1973

यहीं से उपजायी जाती हैं ख़ुशियाँ

यहीं से उपजायी जाती हैं ख़ुशियाँ
आँखों की काई से गहरा हरा रंग चुराकर
परेशाँहाल शहर के बीच से गुज़ारते हुए
हवाई अड्डों तक ले जायी जाती हैं
आगन्तुकों–पर्यटक राजनेताओं के स्वागत में

यह सारा शहर एक विशाल दैत्याकार अभ्यर्थना में
उनकी एड़ियों के नीचे अपनी पीठ लगाये
राशन की लम्बी क़तार में खड़ा रहता है
कहीं किसी तरफ़ गोली चलती है
भगदड़ में ख़ून और भूख का रंग एक हो जाता है
जिसे जन सम्पर्क विभाग
प्रधानमन्त्री की मुस्कान के लिए
अगली सभा, हड़ताल या चुनाव के इस्तेमाल तक
बचाकर रख लेता है

लाख सँभलकर चलते हुए भी कोई कभी अचानक
अपनी मौत से टकरा जा सकता है
मजबूरी में अपने कमज़ोर हाथ उसके कन्धों पर डालकर
बाज़ार की चालू हवा में गुम हो जा सकता है

इस शहर की राजकीय सुरक्षा व्यवस्था ने
नयी योजना के सूर्योदय में
पसीने, भूख, ग़ुस्से और गोलियों का
एक नया व्याकरण लोगों को दिया है
और कहा है

कि वह सिर्फ़ सहमति और स्थिरता चाहती है
बदहाली के इन दिनों में

नींद और हवा पर अब भी कोई कर नहीं लगा है

1973

हवा कहाँ है

हवा कहाँ है
धूप कहाँ है
कहाँ हैं वे कोंपलों से उगते हुए हाथ

कहाँ हैं वे कोंपलों से उगते हुए हाथ
कहाँ हैं वे लोग जो
हमारे इन्तज़ार के अपराध में
बदलते मौसमों के धोखे खाते हुए
ग़ायब हो गये
सूखे पत्तों की तरह ज़मीन में

अक्सर तूफ़ान चिह्न छोड़ जाते हैं गुज़र जाने के बाद
मगर यहाँ
अदृश्य हो चुके हैं खँडहर तक
सीख़चों के भीतर

यहाँ आदमी और आदमी के बीच
दिन ब दिन
गहरी होती जाती है सन्नाटों की धुन्ध
बन्द घरों में भरता जा रहा है धुआँ
ख़ून की जगह हमारी रगों में

दौड़ने लगा है अब नागरिकता का आतंक
शाम के झुटपुटे में गिरती हैं हमारी अस्थिहीन छायाएँ
घर लौटने के रास्तों में एक दूसरे में गुँथी

रात की थमती आवाज़ों से गुज़रते हुए
हम सिसकियों में तब्दील होते देखते हैं खुद को
बची रह जाती हैं शोरों की किरचें दिमाग़ में
एक आदिम नाटकीयता में तिलमिलाती रहती हैं
हमसे लम्बी हमारी छायाएँ
जो न जाने किस सुदूर ग्रह पर ढँकती हैं हज़ारों वर्गमीलों का जनहीन फैलाव
स्मृतियों से गिर जाती है न जाने किस मोड़ पर
कोई गूँजती हँसी, कोई उजालों भरा दिन न जाने कहाँ छूट जाता है
न जाने कहाँ कहाँ रह जाते हैं तमाम अचरजों तमाम प्यार
तमाम भुलावों में लिपटे हमारे प्रेत-संसार

बरसती हैं तमाम अदृश्य चाबुकें हर रोज़
पसलियाँ निस्संग ढोती हैं निशान

और आसपास ग़ुलामों का एक समूह नृत्य
चलता रहता है लगातार इस पत्थर होती दुनिया
के अँधेरे में
जहाँ सारे उन्माद
डूबते हैं आख़िरकार
शिथिल प्रार्थनाओं के थमे हुए पानी में

यहाँ कहाँ है
टूटते तिलस्म का वह शस्त्रागार
कहाँ है वह प्रागैतिहासिक खोह
जिसमें कटी हुई जीभों के अम्बार में
अपनी जीभें ढूँढ़ने का इरादा करते हैं हम

यहाँ आते हुए
हम कहाँ भूल जाते हैं बर्बर वध-कथाएँ

हम ठिठक कर खड़े हैं एक-दूसरे को घूरते हुए
हम गुमसुम हैं अपने हज़ार हज़ार सवालों में दबे
हमारे शरीर से उभर रहे हैं बदले के आतुर संगीत
मगर हम एक-दूसरे के लिए अविश्वसनीय होते जाते हैं

और यही वह माहौल होता है
जब हम पर टूट पड़ते हैं छिपे हुए भेड़िए
न जाने किस स्वप्न की ओट से निकलकर
किस पल
वे हमलावर हो जाते हैं

ऐसे वक़्त सतर्क रहना
ऐसे वक़्त फ़ैसला करना कितना ज़रूरी है
जब अँधेरे एक चालाक मुस्कुराहट में चमका रहे हैं उनके ख़ूँख़्वार दाँत

1971

नरक में बारिश

बादलों से ऊपर उड़ने वालों के लिए बारिशें नहीं होतीं
मुझे मालूम है कि तुम्हें क़तई नहीं मालूम कि
बारिश होती रही है, भयानक सर्दी है और भीगते हुए
लोगों की मौत हो रही है

यह हमेशा होता है, तुम अनुपस्थित रहते हो
हमारे नरक से

हम ऋतुओं के प्रकोप झेलते हैं दिन रात
फूटे गुब्बारों सी गिरती हैं हमारी इच्छाएँ हमारे सिर पर
ऊँचाइयों से टूटकर
जान बचा सकने की कोशिश में हम जानें दे आते
हैं सुदूर दिशाओं के युद्धमुख में
और बचे-खुचे लोग अपंग लौट आते हैं
अनिश्चय और यातना की बस्तियों में वापस
उम्र के वर्ष गिनने के लिए

डरे-डरे हम नाविकों के संस्मरण सुनते
रहते हैं ऊँघती हुई बीमार शामों में संस्मरण
दूर जाती नदियों और समुद्र-यात्राओं के
जहाँ पानी की पाशविकताएँ

छोड़ जाती हैं
यादों के दरबों में ऊब और साथियों की
बीमारियों और मौतें और अकेलापन
और किसी द्वीप पर ताबूतों के ढक्कनों के गिरने की ध्वनियाँ

मनुष्य और देवता सब असफल हो जाते हैं, पेड़
अस्फुट हमारी सदियों पुरानी कथाएँ दुहराते ठूँठ हो जाते हैं
पूर्वज झुर्रियाँ हिलाते इधर-उधर डोलते रहते हैं दरवाज़ों
दालानों में–तुम कहीं नहीं होते हो–हम
अपने हथियार ज़मीन की तरफ़ झुकाए लौट आते हैं
हम चीख़ते हैं मगर हमारी चीख़ें कहाँ हैं
हम रोते हैं मगर कहाँ हैं हमारे आँसू
पूर्वजो, अनुपस्थितो, हमारे आँसू कहाँ हैं
हम घुटनों के बल इस तरह क्यों बैठ जाते हैं
हम क्यों बैठे हैं इस तरह घुटनों के बल
इस नरक में

तुम नहीं हो
हमारे इस नरक में बारिश हो रही है

1973

सम्राज्ञी आ रही हैं

नागरिको उत्सव मनाओ कि सम्राज्ञी के दर्शन तुम्हें करने हैं
भीतभाव से प्रणाम सँभालते हुए अपने दुखों के कीचड़ में
रुँधे गले से ही स्वागत गीत गाते हुए
उत्सव मनाओ

सम्राज्ञी का रथ तुम्हारी अँतड़ियों से गुज़रेगा
रथ गुज़रेगा तुम्हारी आत्मा की कराह और शोक से
तुम्हारे स्वप्नों की हरियालियाँ रौंदता हुआ
रथ गुज़रेगा रंगीन झरनों और पताकाओं की ऊब डूब में

सँभलकर अपनी मुर्दनी और आक्रामक मुद्रा को
मीठी रहसीली स्वागत भंगिमाओं में छिपाते हुए
स्वतन्त्रता की इस दोग़ली बहार में
झुक जाओ भद्र भाइयो
सम्राज्ञी आ रही हैं

सम्राज्ञी तुम्हारी सामूहिक नींद पर झुकी हुई
आवाज़ों के पुल से धीरे-धीरे नीचे की ओर उतरती हुई
सम्राज्ञी
तुम्हारी आँखों को
कृतज्ञता और आभार के जल से भरती हुई

आने वाली हैं

सड़कों के किनारे बच्चे खड़े होने चाहिए, अधनंगे मुस्कुराते
बचपन के उदासीन खंडहरों में पड़े फटे हुए चित्रों से
हाथों में फूल लिये बच्चे...
स्त्रियाँ तुम्हारी खिड़कियों से झाँकती हाथ हिलाती
खड़ी होनी चाहिए ऋतुओं के कामनाहीन सूनेपन में
ख़ुशियों की आहटें अगोरती स्त्रियाँ...
पेड़ होने चाहिए तुम्हारी ठूँठ इच्छाओं की तरह सन्नद्ध विविधवर्णी
और हर तरफ़ सदियों की मुर्दनी भरे ऊसर आँखें
बिछी होनी चाहिए आती-जाती हवाओं के रेशे-रेशे में–

कि चौकन्ने सभासद हर कहीं मौजूद होंगे
कि चौकन्ने सभासद वायदों और सपनों की गुनगुनाहट में
हर कहीं मौजूद होंगे तुम्हारे तेवर खँगालते
भविष्य और उत्सव के फूलों के आसपास

सम्राज्ञी आ रही हैं

इस औंधे नगर में हुई हत्याओं की सूचनाएँ सभासद देंगे उन्हें
कि ख़तरनाक बन्दी मारे गये कारागार लाँघते हुए
कि कुछ असभ्य लोग मारे गये कुलीन नागरिक आवासों के आसपास
अपने अँधेरों से
सन्तुष्ट और शालीन अमात्यों का रिश्ता ढूँढ़ते हुए

और लज्जित भाव से तुम सब सिर हिलाओगे
कि तुमने व्यर्थ का साहस ख़र्च किया व्यर्थ का मूर्खतापूर्ण विरोध
कि राजकीय हिंसा की सारी घटनाएँ जन्म-जन्मान्तरों के नियम हैं
दुस्साहसिक प्रजाओं के लिए...

घोड़ों, मनुष्यों और शस्त्रास्त्रों की भीषण चकाचौंध में
तुम्हारी टाँगों की लगातार थरथराहट सम्राज्ञी को दिख न जाये
ध्यान रखना, स्नायुओं की सिहरन शान्त रखना
सम्राज्ञी आने वाली हैं तुम्हारे नगर को आगामी वर्षों के लिए
गर्म और सुखद स्मृतियों और आश्वासनों से भरने

इसके पहले कि रथ के घोड़ों की पहली टाप सुनाई दे और
धूल के पहले बादल सीमान्त पर उठते हुए नगर की ओर आयें
तुम एक पहचानहीन हलचल हो जाओ
जिसका कोई भी उपयोग सम्राज्ञी के सैनिक और सभासद करें
तैरते हैं ज़हरीले बादल तुम्हारी आकांक्षाओं के आकाश में
सभागारों में उमड़ते आते हैं झूठ के हज़ारों रंग

सम्राज्ञी की प्रजावत्सलता से गद्‌गद
अपने ज़ंग लगे चेहरे माँज आओ प्रिय नगरवासियो
सम्राज्ञी आ रही हैं

सम्राज्ञी आ रही हैं

1974

तुम किसके साथ हो

दहकती हुई चीज़ों के आर पार
तेंदुए की तरह गुर्राता छलाँगें मारता
गुज़रता है समय

देखो सब कुछ कैसा दहक रहा है
जली हुई चीज़ें चमकदार कोयला बन रही हैं
यहाँ वहाँ इकट्ठा होता जाता है मरते साथियों का रक्त

—अभी हमारा सब कुछ बार-बार ईंधन बन रहा है

ठीक ठीक पहचानने की कोशिश करो
किसकी दाढ़ में लगा है हमारा ख़ून
उस चालाक नदी के मुहाने मोड़ दो
जो बारूद बनते आँसुओं के समुद्र में
डाल रही है
कचरा
झूठ और झूठ और झूठ और झूठ का

इस युद्ध में अब तक कोई नहीं लड़ा है अपने गूँगे शब्दों से खेलता
अब तक किसी ने परछाईं भर की दूरी में थरथराती
उस चीज़ को कोई नाम नहीं दिया

वह महज मृत्यु है—एक जैविक परिणति भर
या दुस्साहस
या वह भविष्य
जो तेंदुए के पंजों के नीचे है
हमारा भविष्य होने के ऐन पहले

जो कुछ अब झेल रहा है
धरती का यह अभागा टुकड़ा
वह
पूरी संस्कृति के व्याकरण से बहुत बड़ा हो गया है
किसी एक उच्छल हँसी के इर्द गिर्द
इकट्ठे हो जाते हैं बीसवीं सदी के इन वर्षों के सारे ख़तरनाक हथियार
दुनिया के इस बेरौनक़
चरमराते हुए ढाँचे में कितनी कुशलता से
बन्द रखे गये हैं
हमारे सपनों के अधजले फूल और छल एक साथ
इसे जानना है तुम्हें
क्योंकि

तुम्हारी लड़ाई
उस निर्मम जंगल के ख़िलाफ़ ग़ुस्सैल लकड़हारों की
लम्बी लड़ाई है
जिस जंगल में सिर्फ़ आदमख़ोर रहते हैं

—देखो कैसा चमकता है अँधेरा
काई की गाढ़ी परत सा
एक निर्मम फ़ासीवादी चरित्र पर
देखो लोकतन्त्र का अलौकिक लेप—

और यह कहने को जब जब बढ़ते हैं नागरिक अधिकार

कि वे क़ैद कर लिये जाते हैं
इस अर्द्ध उपनिवेश की सुरक्षा के नाम पर

मगर
जल रही हैं अब बेशुमार आवाज़ें
जल रहे हैं लगातार बेशुमार हाथों के तनाव भरे संसार

और यहीं वह सवाल है
कैलेंडर की हर तारीख़ में गूँजता हुआ
तुम किसके साथ हो
और किस तरह

1974

वसन्त

पेड़ फोड़ते हैं हवा में
अपने सारे मुमकिन हरे हाथ और फूल
शातिर आँखें चमकती हैं
कि यह ख़ामोश पेड़ों के बारे में
सही सही अनुमान का मौसम है

हर वसन्त में फूटता है हर तरफ़ से आत्मीय उजाला
प्रत्यंचा की तरह तने हुए आसमान से
धारासार बरसता
हर वसन्त में नये कल्लों और
फुनगियों पर थिरकती पत्तियों को
नये उल्लास में रलमल कोशिकाएँ
भेजती हैं लगातार हरा ख़ून
हर वसन्त में प्रकट होते हैं
खामोश पेड़ों की ताक़त के कई सच
रंगों की भाषा में

हर वसन्त में
भीगी हथेलियों से छूती है हवा
ज़मीन में कमर तक धँसे शब्दों को
जिन्हें मिट्टी करने की कोशिश में

सारा माहौल कई तरह से जुटा रहता है

हर वसन्त में ज़िन्दा चीज़ें बेख़बर खिलखिलाती हैं
और अपनी हँसी के आख़िरी छोर पर
घाघ हत्यारों द्वारा
ले ली जाती हैं

1975

चलो उस तरफ़

जहाँ
शब्द थरथराते हुए अजीब शक्लों में गिरते हैं
जहाँ
भाषा न जाने कब से पिघल रही है
और रुँधे हुए कंठों की लम्बी कराह है
जहाँ
बदल रहे हैं वृक्ष, प्यार, किताबें और कुदालें
एक लम्बे हाहाकार में

चलो उस तरफ़

फफूँद लगी रोटी सी गिरवी ज़िन्दगियों के साथ
अँधेरे में सहमे हुए प्यार के साथ
चूते छप्परों के नीचे बरसों से भीगते गलते
निश्चय बटोरकर

उठो चलो उस तरफ़

जहाँ शोषकों का घमंड फुफकारता है
भारी मशीनों के नथुनों से
जहाँ एक मरणासन्न लोथ संगीनें टिकाए

चढ़ी है तुम्हारे सीनों पर, खेतों पर

मुक्त करो रोटी को
मुक्त करो भाषा को

मुक्त करो बैलों के जोड़ों को
मूँज की उस अकेली चारपाई को
घर के चौखट किवाड़ को
जिन्हें ले जाते हैं कभी खेतवालों के कारिन्दे
कभी पुलिसवाले

यह कौन सा भय है
जो चाक़ू सा तना है तुम पर
सोते जागते दिन रात
काम के घंटों से बच्चे को चूमने तक
एक सा लगातार

यह कौन सा ईश्वर है
तुम्हारी आदिम याद में कुंडली मारे
तुम्हारे ख़ून में ज़हर सा दौड़ता
जो तुम्हें उसी मँडराते भय की छाया में
समेट लेता है

इन सबको
तुम्हारे हुलास में तने हाथों की
एक दमदार चोट
दरकार है

ये सब छायाएँ हैं
महज़ छायाएँ जब तुम उन्हें बुहारकर

इतिहास के मलबे में डाल देते हो
उसके लम्हे भर पहले तक
एक पहाड़ है तुम पर
हज़ार धरतियों का बोझ लिये

रुँधी रिरियाहटों के अँधेरे से उठते

महसूस करो
दिमाग़ के अपरिचित हल्क़ों में एक बेचैनी है
उठ रहे हैं
तुम्हारे अपमान और ज़ख़्मों से
लपटों की तरह लड़ने के इरादे

जो चालाकी से निचोड़ रहे थे
तुम्हारी रग रग
कल तक
उनकी निश्चिन्त नींद पर टूट पड़ा है
तुम्हारे साथियों के ग़ुस्से का सुर्ख़ रंग
नक्सलबाड़ी, श्रीकाकुलम और भोजपुर से उमड़ता हुआ
एक नया स्वाद है मुक्ति का
हर चोट पर उभरता हुआ
जो खेत और कारख़ाने महसूस करते हैं
अपनी जली हुई जीभ पर

हड्डियों के मचान पर बैठे
पहरेदार
दलदलों की ओर भाग रहे हैं बदहवास

यह वक़्त नहीं है
किसी मुहूर्त किसी मौसम किसी अगले कल

किसी अगले वार
के इन्तज़ार का
अपनी परछाईं से लिपटे रहने का
यह वक़्त नहीं है

अपनी थरथराती बाँह को सँभालो
टूट पड़ो
दुश्मनों के कागज़ी क़िले पर
धरती की नयी धूप की तरह
धरती के नये नमक की तरह

1974

हम इतिहास के बेटे हैं

1

उदास चुप सी आती हैं सबसे ख़ुशनुमा यादें
फ़र्श पर लगभग बुझ चुकी है आख़िरी सिगरेट
अख़बारों में मौसम के बारे में ग़लत सूचनाएँ हैं
पिछली तसल्लियाँ फूटी नावों सी डूब गयी हैं

सर्द रातों में कौन दरवाज़ा खटखटाता है
कौन बुलावा देता है कि आओ, देखो
बाहर अब तक की मानव सभ्यता का
सबसे दिलचस्प शिकार चल रहा है

हम बन्द रहे हैं इस कमरे में डरे हुए बच्चों की तरह
दुबके रहे हैं अपने बिस्तरों में
हम सहलाते रहे हैं अपने ताज़ा पुरे पिछले ज़ख़्मों को

कमरे में पड़े जूठे बर्तन जागते रहते हैं
डरावना शोर उगलती रात-रात भर छटपटाती हैं किताबें
चीख़ती हैं बन्द खिड़कियाँ बाहर का सब कुछ देखती हुईं
दिमाग़ में कोई बड़बड़ाता रहता है टूटे हुए वाक्य

चलो उठकर दरवाज़ा खोल दें

हम जानते हैं बाहर क्रूर बर्फ़ की बारिश हो रही है
हम जानते हैं
लपक रही हैं रायफलें
ज़हरीले झरने बढ़े आ रहे हैं बस्तियों की तरफ़
मगर हम यह भी जानते हैं कि जवाबी कार्रवाई के लिए
हमारे पास कुछ कारगर चीज़ें हैं—मसलन
दिमाग़ में आलोक के फूल सधे विचार
और कौंधते कसमसाते ये वज्र आतुर हाथ

हम इतिहास के बेटे हैं अपनी मिट्टी की सुगन्ध
चलो दरवाज़ा खोल दें
दीवारों पर कुछ अजीब सी छायाएँ फैल रही हैं
न जाने किधर से उछलकर आ रहे हैं ख़ून के थक्के

जो बाहर चल रहा है वह कमरों तक भी आयेगा
देर-सबेर कमरा भी सुरक्षित नहीं रह पायेगा

2

अनगिनत काले घोड़े दौड़ते जा रहे हैं
तमाम दिशाओं में
टापों से धूल के बादल उछालते

रौंदी हुई धरती की आँतों में घुमड़ रही है
कई तरह की भूख और प्यास

हमारी पलकों पर इकट्ठा हो रही हैं ठंडी बूँदें

अपनी कविता की साँसों में मुझे बारूद की गन्ध आ रही है

मैं करोड़ों पाँवों के साथ
ज़मीन के इस मटियाले फैलाव पर शिकंजा कसे दमन की
इस काली रात में
इसकी आख़िरी सरहदों तक जाना चाहता हूँ

उठ रही हैं, उठेंगी गैंतियाँ, कुदालें,
उठ रहे हैं, उठेंगे फावड़े, हँसिए, मिट्टी के स्वाद भरे हल
मैं फैलाना चाहता हूँ करोड़ों दहकती उँगलियों की तरह
ख़ुद को और तुम्हें .
अँधेरे की आख़िरी हदों तक

3

गुज़रने दो इन सर्द हवाओं को मांसपेशियों से
एक-एक शिरा से
हड्डियों में बसे सदियों के धूसर अपमानों से

हम क्रूरताओं की बौछारों में पैदा हुए
हम क्रूरताओं में पले
जैसे पत्थर के नीचे दबी घास
जैसे राख में ज़िन्दा आग
और फिर यह कोई कम बड़ा अचरज है
कि हम हैं
अपने होने भर से सारा का सारा जंगल हिलाते हुए

हम जानते हैं आयेगा एक दिन वसन्त
ज़िन्दा चीज़ों को दुलारता हुआ

गुज़रने दो इन सर्द हवाओं को
गुलाबी ख़ुशियों और चोट के नीले निशानों से

कोई परवाह नहीं
जब तक हमारी छाती में दहाड़ती है वर्ग घृणा
और हमारे हाथ हरकत कर रहे हैं

कोई परवाह नहीं
कि हमारे अँधेरे में शामिल है एक सिरे से फैलती
तीसरी दुनिया की समस्त आग

4

कसे हुए ढोलों सी बजायी गयीं
दुखों से भरी हमारी आत्माएँ
मार खाती रही पीठ और रोयीं आँखें
एक दूसरे से बिना कुछ पूछे

समयहीन संस्कृति में एक भूरी उदासी भीगती रही

पानी हो रहा है हर तरफ़ पुराने ईमान का नमक
इस बढ़ते हुए तापमान में बचाओ कुछ ज़रूरी चीज़ें
अगर बचा पाओ

बचाओ स्वाधीनता जो हरियाली है यादों में बसी
बचाओ एक कोंपल
जो विपरीत मौसमों के ख़िलाफ़ अड़ी है
भीतर कहीं आहटों से थरथराती हवा में

चुप्पियों में दबी चीख़ों तक जाने दो दौड़ते हुए ख़ून को
और फिर वही तुम्हें कहेगा
कि अब कुछ भी बचा पाने के लिए
इरादों और हाथों को एक जगह इकट्ठा कर

उन्हें देना है एक शब्द–'हमला'

बटोरो एक बार अँधेरे में गुम होते हुए सपनों को
अपनी मानवीय लालसाओं को रौशन करते हुए

पोंछो उनके चेहरे से गर्दो ग़ुबार
कहो कि तुम आदमी हो और आदमियों की तरह जीना चाहते हो
ख़ुश क़साइयों के ख़िलाफ़ लड़ते हुए

हम इतिहास के बेटे हैं अपनी मिट्‌टी की सुगन्ध
हम नींद को गुँजाती जाग हैं
हम अँधेरे और जंगल में फैलती हुई आग हैं

1976

बच्चों की हँसी

एक दिन बच्चे धूप के स्वागत के लिए खड़े होंगे
बच्चे मुस्कुरा रहे होंगे और
धूप बुला रहे होंगे

बच्चे खड़े गझिन जंगल से बातें करेंगे
बच्चे पेड़ों में खोयी हवा की
कानाफूसी
सुनते रहेंगे

पहाड़ चीख़ेंगे—यह क्या हो रहा है!
स्तब्ध चीज़ों में कौन हरकतें बो रहा है!

बच्चे मुस्कुरा रहे होंगे

धूप पहाड़ों के रुखड़े सिरों पर अल्हड़ पाँव पटकती आयेगी
बच्चे उसे और क़रीब बुला रहे होंगे

पहाड़ चीख़ेंगे, घाटियों के पेट थरथरायेंगे
जंगल की धड़कनों में निर्वासित शब्द जागेंगे
बच्चे ताज़ा रक्त की ताल पर तब गा रहे होंगे
और भाषा के निर्जन में उल्लास भरे नये अर्थ आ रहे होंगे

धूप आयेगी ज्वार की तरह धूप पसरेगी ख़ुशबुओं की तरह
बच्चों की दूधिया हँसी जगमगायेगी

बच्चों की दूधिया हँसी धूप लिये उतरेगी
भय की शीत में ठिठुरे हमारे स्वप्नों में
एक दिन बच्चों की दूधिया हँसी आयेगी ज्यों धूप ज्यों ख़ुशी
ज्यों मादल की गूँज ज्यों सौ वसन्त एक साथ ज्यों
फूल की थाली में भात

एक दिन बच्चों की बेख़ौफ़ हँसी होगी
बिल्कुल
बच्चों की बेख़ौफ़ हँसी की तरह

1976

पशुलोक-76

चीज़ें एक-दूसरे के पास हैं
मगर बहुत डरी-डरी सी
मसलन चिड़िया अपने घोंसले के बारे में
सोचती है
कभी वह भी फाँस बन सकता है रात-बिरात

आपने देखा है कितना कुहरा है
नीला ज़हरीला बाहर भीतर
मगर इसे लोग कह रहे हैं सुबह का उजाला
क्योंकि भाषा में चिथड़े और ठंडे पत्थर
भर रहे हैं

आपने सुनी है बत्तख़ों की उत्फुल्ल
क्वेंक्-क्वेंक्
ढूँढिये पानी कहाँ है
पानी कहाँ है—सिर्फ़ आँखों में!

आपकी प्यास और उत्सव मनाती रेत के बीच
लगातार तालियाँ बज रही हैं
सहमति में सिर झूल रहे हैं
दुम हिलानेवाले सभी परिचित-अपरिचित जानवर

इस पशुलोक में
फल फूल रहे हैं

यह कैसा मौसम है
कि घड़ियाँ रुक गयी हैं
और रेत होती घड़ियाँ रेत में बिखर रही हैं
आहिस्ता-आहिस्ता

दिमाग़ों में बिना ख़बरों का
एक भाँय-भाँय रविवार है

आपको रात गये सन्नाटे में लगता है कि
आप जुड़ी हथेलियों में दिमाग़ फँसाये
सोच रहे हैं
सूखी आँतों से गा रहे हैं
अपनी ही नींद में कई तरह की पोशाकें पहनकर
उतरते हैं
और नये सिरे से हर बार अपने आपको
डरा रहे हैं

1976

पानी का बर्तन

पानी के बर्तन में मेरा साँवला चेहरा गिरा
पानी के बर्तन में गिरे अट्ठाइस साल के थरथराते दुख
पानी के बर्तन में गिरी मेरी आँखों में उतर आयी मेरी भूख

रोज़ इस बर्तन से मैं पानी पी जाता हूँ
और—मैं ही जानता हूँ किस तरह—इस बर्तन से
या और ऐसी ही कई छोटी बड़ी चीज़ों से
अपने रिश्तों के बारे में
चुप लगाये रह पाता हूँ

मैं दुनिया के बहुत-बहुत बड़े विस्तार में
एक हलचल हूँ
सदियों की आग की विरासत लिये
अपनी हलचल के बारे में उन सबको ख़बरें देता हुआ
जो हर रोज़ अपना चेहरा पी जाते हैं
जो हर रोज़ अपने काले दुख पी जाते हैं
जो हर बार अपनी भूख पी जाते हैं

यह और बात है
कि मैं पानी के बर्तन जैसी मामूली चीज़ों के बारे में
ख़बरें पहुँचाऊँ
और वे संदिग्ध और ख़तरनाक हो उठें

1976

चुप्पी

बहुत दिनों से यह मेज़ हिल रही है
बहुत दिनों से इसकी चूलें ढीली हैं
मगर मैं इस पर
काग़ज़ और ज़मीन के बीच ख़ास कारणों से सन्तुलित
लकड़ी के इस चीख़ते हुए आकार पर
कविताएँ लिख रहा हूँ

मुझे इससे कोई ऐसा सवाल नहीं पूछना है इन दिनों
जो इसके वृक्ष से यहाँ तक आने की कथा टटोलने लगे
मुझे इसके हिलने के बारे में ठीक उसी तरह चुप रहना है
जिस तरह पड़ोसी के अचानक लापता हो जाने के बारे में

मुझे जूतों, कैलेंडरों में हँसती लड़कियों, धूप और रात सा चुप रहना है
जो हर कहीं होने के बावजूद
अनुभव के भाषा तक आने में शामिल नहीं हैं सीधे-सीधे
मुझे चुप रहना है

मुझे चुप रहना है
बिल्कुल उस तरह जिस तरह
लगभग ख़ुद यह मेज़ चुप रहती है

मुझे चुप रहना है कि फ़िलहाल...तब तक

जब तक प्रवेश न करें आसपास ठहरी हुई हवा में
आदमियों के लपटों भरे हाथ
उसके पहले
इकट्ठा हो रहा है मुझमें
समझ और तैयारी का स्वप्नों भरा व्याकरण

''ऐसी कोई चुप्पी नहीं जो ख़त्म न हो''

1976

जाल

किसी-न-किसी पेड़ से गिरता है जाल एक अदृश्य
इस महावन में
जाल एक अदृश्य

कब किस तरह कौन जान पाता है
एक जाल
अदृश्य

इस महावन में वधशाला में
मनुष्य विरोधी प्रजातन्त्र के जादूघर में
इस जलते हुए घरौंदे में

जाल एक
किसी बादल का फेंका अदृश्य
छायाओं भरा गाँठदार

कसता है एक-एक रग दिमाग़ की
प्यार नहीं कर सकते शत्रुता
नहीं विरोध नहीं, करुणा
पछतावा कुछ भी नहीं
हम नहीं...

हम नहीं दे पाते ख़ुद को
एक झोंके पुरवा को पूरे चाँद की एक रात को
सदियों पुरानी एक सिसकी को
कसता है एक-एक कर आयु के तमाम वर्षों को
सपनों को बेहिस–रुई सा
अदृश्य
जाल एक
गिरता है सूरज से गिरती धूल के साथ

1979

भविष्यफल

कोई एक अक्षर बताओ
और रंग
कोई दिशा
किसी एक फूल का नाम लो

कोई एक धुन याद करो
कोई चिड़िया
कोई माह—जैसे वैशाख
खाने की किसी प्रिय चीज़ का नाम लो

कोई ख़बर दुहराओ
कोई विज्ञापन
कोई हत्या—जैसे नक्सलियों की
किसी एक जेल का नाम लो

कल तुम कहाँ होगे
मालूम हो जायेगा

1979

टेलिफ़ोन

टेलिफ़ोन बज रहे हैं
घनघना रहे हैं गरज रहे हैं
राजकाज चला रहे हैं टेलिफ़ोन
टेलिफ़ोन झींख रहे हैं
हाँफ रहे हैं
काले धन की घबड़ायी हुई नींद में
पालतू पशु की तरह
आ रहे हैं जा रहे हैं
टेलिफ़ोन

एक दिन उगल देंगे
ढेर-ढेर सारी अख़बारी सूचनाएँ, दफ़्तरी कागज़ात
प्रेमालाप
घरेलू औरतों
चुनाव कार्यकर्ताओं
और सम्पन्न वेश्याओं की बातचीत
टेलिफ़ोन सड़कों पर
भेद सारा इस अन्धेर नगरी का
उगल देंगे सड़कों पर

निरीह भाव से
ये टेलिफ़ोन

और टेलिफ़ोन, टेलिफ़ोनों से कहेंगे
'पुलिस भेजो'

1979

प्रोफ़ेसर

1

लॉर्ड मैकाले हँसता है
देसी अतीत के सूराख़ों वाले छप्पर पर
दुम की बजाय कमर हिलाकर
हाथ
मिलाता है
प्रोफ़ेसर
बजती हैं रुनझुन घंटियाँ सभ्यता के ग़ुलामख़ाने में

चीख़ें गूँजती हैं विश्वविद्यालयों में
सिसकियाँ गिरती हैं
शोध बोध के कालातीत कुएँ में

अघायी दिनचर्या में देखते-देखते मुटाता
चालाकियाँ बिछाता है प्रोफ़ेसर

एक साथ
हत्याएँ होती हैं
और दास ख़रीदे जाते हैं

2

"घायल होकर जिन्हें गिर जाना है
वे शब्द हों
वे जर्जर सच हों
जिनसे ऊब चले
सुविधाएँ नहीं"–प्रोफ़ेसर ने कहा
प्रोफ़ेसर से

1979

शब्द

यह सिर्फ़ भाषा का मामला नहीं है
कि शब्द
वास्तविकताओं के पक्ष में चले आ रहे हैं
लगातार

और जो चाकर रहे
इस्तेमाल किये गये
उन दास-शब्दों में अर्थ की बजाय
कराहें भर रही हैं

नगाड़े बज रहे हैं और शब्द आ रहे हैं
शब्द आ रहे हैं और पिछले बरसों की
सूनी उदास टहनियों पर
अँखुवा रहे हैं

हर कहीं है लड़ाई हर कहीं
आने वाला मौसम भिड़ा रहा है पंजा
लू से, ओलों से, बर्फ़ीले थपेड़ों से

शब्द सक्रिय हैं जगह-जगह
गलियों में सड़कों पर

खेतों में

खलिहान में दँवनी के बाद
अनाज के हर दाने के इर्द-गिर्द
छानबीन कर रहे हैं शब्द इस बारे में
कि उन्हें कहाँ ले जाया जाना है

केन्द्रीय सचिवालय में एक क्लर्क की थकी पेंसिल ने
नालिश की
कि शब्द फाइलों में जाने से पहले
कहीं से भी मौक़ा मिलते ही
मुड़ जाते हैं वापस
कि वे तुतलाते बच्चों की जीभ से दोस्ती चाहते हैं
वे चाहते हैं हितू मीतू बनना
उन अनपढ़ लोगों के
जिन्हें शब्दों से अब तक डरना सिखाया गया है

नगाड़े बज रहे हैं और शब्द आ रहे हैं
तू उनके साथ हो
वे मेरे रक्त अस्थि मज्जा में
दस्तक दे रहे हैं
कि वे अपने मंसूबों में तुझे शामिल कर पाएँ

नगाड़े बजे रहे हैं
राजधानी के महिमामंडित गोल सुअरबाड़े में
अपराधियों और विदूषकों की बहस बन्द हो रही है
शब्द आ रहे हैं

1979

जिनके घर बार-बार ढह जाते हैं

जो घूमते हैं ढोर-डंगरों की तरह,
विश्वविद्यालय अस्पताल सरकारी कार्यालयों की ईंटें जोड़ते
शहर-दर-शहर

जो हाँक दिये जाते हैं दिल्ली से चंडीगढ़ भोपाल से कलकत्ता
चटकलों में जो पीछे छूटे खेतों की याद लिये खटते हैं

जिनके मोह टूट जाते हैं
गाँव गँवई से होली दीवाली से
डबरे पोखरों से
जो आते हैं शहरों में आदमशक्ल पशुओं से
कातर और बीमार
जो गिरते हैं किसी अधबने स्काइस्क्रैपर से
और जो अख़बार में नहीं दीखते

उनके लिए कहीं नहीं हैं पालनकर्ता नारायण

रहस्यभरी मुस्कानों वाले सफल लोग कर्णधार पत्रकार
नहीं देखते उन्हें और वह आकाश उनमें फैलता
जहाँ से ग़ायब हो रही है साँझों की रामधुन

नाचते हैं गट्ठिल सूखे कंकाल उस आकाश में
भूमि से उखड़े क्रुद्ध ठूँठों की तरह

बहुत जल है वहाँ बहुत आग है
बहुत कुछ ध्वस्त करने को बहुत उगाने को
रचने को
वहीं कल में गूँजती हमारी कजरी है
वहीं हमारा फाग है

जिनके हाथ एक दिन सब कुछ कर जाते हैं
जो घूमते हैं ढोर-डंगरों की तरह

1980

सदियों के शब्दहीन विलापों में भटकते हुए

सदियों के शब्दहीन विलापों में भटकते हुए
सैकड़ों हज़ारों प्रकाश-वर्षों की दूरियाँ तय करते
नक्षत्रों और तारों की पुकारों से भरे
कई अन्तरिक्षों की गतियाँ और ताप लिये
वे आते हैं

वे आते हैं
जब छावनियों में सैनिक निश्चिन्त सो रहे होते हैं
ऊँघते होते हैं चोर और सन्तरी रतजगों के बाद
बच्चों की नींद में
जब समुद्रों से उमड़ते आ रहे होते हैं
अज्ञात लोकों से सपने

जब चाँद
अपना पथरीला विशाल
जाल समेटकर
ओझल होने की तैयारी करता होता है

किसी को कानोकान ख़बर नहीं होती

तमाम वर्षों के दुख और शोक बटोरते

वे आते हैं
अपने निरन्तर पुनर्जन्म की गरिमा में
ओस और प्रकाश बिखेरते

वे आते हैं जगमग से
अजनबी भाषाओं के यात्री
हर भाषा और हर अँधेरे में
दुख को टटोलते
प्रागैतिहासिक विशाल पक्षियों के डैने फड़फड़ाते
वायुमंडल मथते—भूधराकार अहसास
अतीत और भविष्य को गर्म रोटियों की गन्ध में बदलते

वे आते हैं

और खान मजूरों से
हमारी आत्मा के राखभरे खोखलों में गहरे
गहरे बहुत गहरे
उन्मत्त धड़कनें बजाते हुए उतरते चले जाते हैं

सुबहों को बस्तियाँ सवालों से भरी होती हैं
देहों में ठाठें मारती होती हैं रक्त की नयी नदियाँ
ज्यों छायाओं और उदास जल से भरी दुनिया को
अनेक सूरजों ने मिलकर चूमा हो लगातार
पहली बार

1980

रन एक प्रन कठिन

वहाँ धूसर सन्नाटे में भूख सिर्फ़ थी
जिसे घेरे थीं रोज़ मरती हुई इच्छाएँ
दम तोड़ने तक सिर्फ़ बर्दाश्त की एक काली परत थी
जबरन जीभ, आँख और हाथों पर चढ़ी हुई

मगर धीरे-धीरे इनकार के साथ उठ खड़ी हुई
रौंदी जा रही पसलियों की आवाज़
कि मिट्टी नहीं होते जाना है यों पुश्त-दर-पुश्त

बहुत हो लिये
बहुत
रो लिये
बहुत हो ली आन्हर असहायता
समझने समझाने को अब एक ही चीज़ है
एक ही भाखा
बल्लम बरछे लाठी कैंते की
भाखा बारूद के बदले बारूद की...

तब बन्धक रह गयीं
महज़
अपमान सनी यादें बँधुआ

जले अतीत की भसम से कराहों से
उठे बिजलियाँ भरे हाथ
सूर्योदयों के साथ भोर भिनसारे
संझा सँझवाती में तपती हथेलियों में
अनेक दास हाथों में
आये हथियार पहली बार
पुलकित मुस्कायीं आम लीची की गाछियाँ
सिहक लिये पत्तों से
तालियाँ बजाती
गुर्राये और बेबस बिलबिलाये
ज़मींदार मालिक मलिकार
दौड़ो-दौड़ो
पुलिस
मलिटरी हाथी हौदा
अमला फौदा
घेरो-घेरो उमड़ो-घुमड़ो
सारे करियाए बादल...

मगर ऐसा था जागरण का
अगिन असनान
कि ढहती रहीं पाँतें भाड़े के पुतलों की
रस्म नई दीखी एक दँवनी की
नये खलिहान हुए गाँवों के सिवान

यों हुआ शुरू
यों शुरू हुआ
रन एक प्रन कठिन

मुक्ति का

गुदड़ी पर काल की शतदल सहस्रदल
ख़ून के फूलों ने
लिखनी शुरू की कथाएँ नयी
नए इतिहास की भोजपुर से

1979

कॉमरेड जौहर की स्मृति को समर्पित

श्वेताभ के जन्म पर तीन कविताएँ

1

मैं इस नये जन्मे बच्चे को चूमता हूँ अपनी आत्मा की पूरी ताक़त बटोरकर
मेरी आँखें छलछला आती हैं मैं इस बच्चे को चूमता हूँ
और इस तरह वैसी तमाम महान चीज़ों का विरोध करता हूँ
जिनके बारे में सच शब्दों के लिए निषिद्ध हैं

मुझे लगता है मेरी इच्छाएँ कुछ ही पल में इसे इतना बड़ा कर देंगी कि
यह एक छलाँग में मेरी डबडबायी आँखों में अँधेरे में उतर जायेगा
मेरे स्वप्नों को बारूद में बदलकर मेरी आत्मा के
उन सन्नाटे भरे हिस्सों में डाल देगा
जो आतंक के पहाड़ों में दबे हैं

इस बच्चे की बँधी मुट्ठी ऊपर उठती है
और इस सदी के सारे अपराधों के समानान्तर
मुझे दिखती है इरादों की एक प्रकाशित भाषा
जबकि खुले तौर पर यह नहीं माँग रहा अभी
ज़मीन, आसमान या अधिकारों का हिसाब

मैं जब चुप होता हूँ हर रोज़ इसके पास
यह मेरी चुप में चीख़ों के तूफ़ान बोने लगता है
तब मेरा डर अँगड़ाइयाँ लेता उठता है और

इसकी कमज़ोर देह के पुल से
चुम्बनों और स्पर्शों के पार कल के रास्तों में
एक सतर्क आखेटक मुद्रा में खड़ा हो जाता है

2

तुम आओ
अँधेरे को अँधेरा और घृणा को घृणा कहने की इच्छा से भरे
बचपन के निविड़ चिन्ताहीन वसन्त लाँघते
तुम आओ

तुम्हारे माँ-बाप ने तुम्हें विरासत में मिला
एक कठघरा दिया है
ज्यों-का-त्यों
दिया है मगर
हाड़-मांस का एक रथ भी हाथों के आयुध से सज्जित
हर बारिश हर ग्रीष्म हर शरद में खींचते
उसे इस झुलसी धरती तक लाओ
यहाँ
जहाँ से मुक्त कल की दिशा में एक सफ़र शुरू होता है

तुम आओ और देखो
कि कुछ भी अब हरा-भरा नहीं है
भरे हैं
सिर्फ़ हमारे हृदय

3

मैं तुम्हें क्या नाम दूँ
दुखों से जर्जर संसार में खुशी का क्या नाम हो सकता है

ओस की एक बूँद का क्या नाम हो सकता है
जो सुबह की पहली किरणों की दीप्ति समेट
हौले से मेरी बाँहों में उतर आयी हो

आषाढ़ की प्रतीक्षित बरसात का क्या नाम होता है
क्या नाम होता है किसान की उन आँखों का जो
लहलहाती फ़सल के रंग और सिहरन में डूबी होती हैं

रक्तवेग पर आरूढ़ उस संकल्प का क्या नाम होता है
जो समय के घोड़ों की वल्गाएँ थाम
उन्हें मानवीयता और न्याय की तरफ़ मोड़ देता है

मैं तुम्हें क्या नाम दूँ

मेरी ठिठुरती धुन्ध भरी आत्मा के सारे रुद्ध स्वर
सारे शब्द अगर एक साथ बाहर निकल आयें
तो उनमें कोई स्वर कोई शब्द तुम्हारी मुस्कुराहट से बड़ा नहीं होगा
और समूचा तुम्हें
मैं क्या नाम दे सकता हूँ शब्देतर

मैं तुम्हें क्या नाम दूँ इस विवश भाषा में
जब चीज़ों के आपसी रिश्ते एक आतंक में निरन्तर बदल रहे हैं
और कोई भी नाम अर्थों के चालाक परिवर्तन में
किसी और मतलब में बदल जाता हो देखते-देखते

मैं तुम्हें क्या नाम दूँ

जुलाई, 1975

...झुलसी हुई चीज़ों पर
रात
ओस गिरा रही है

सैयद हैदर रज़ा, केदारनाथ सिंह, राजेन्द्र प्रसाद सिंह
तथा
गिरधर राठी, सुरेश शर्मा, रेखा कामत, विजय चौधरी
फ्रांक रोलिए, ब्रिज़ित जीघ़, कारोलिन दोमिनिक, रॅने दावी
दूधनाथ, ज्ञानरंजन और कुबेर-कमलिनी के लिए

ऋतुएँ गुनती हैं

हवा की तरह, हल्की, त्वचाहीन गुज़रती जाती हैं घटनाएँ
हमारे आसपास हमारे शब्द स्थानान्तरित होते रहते हैं
विकल्पों में तुम काँपती उँगलियों से जमी हुई सर्द
रातों को टकोरती हो जाड़े की धूप की तरह तुम्हारे शब्द
मेरे कमरे में बिछे रहते हैं मेरे बिस्तर मेरी किताबों
कमरे की तस्वीरों के पीले एकान्त पर...

तुम्हारी उम्र के बीते वर्ष लगातार तुम्हें दुहराते
चले जा रहे हैं तुम्हारी देह पर पीड़ा भरे बलात्कारों
की प्रेत छायाएँ हैं नम आँखों में अवसन्नता का अँधेरा है
...और तुम बदहवासी में अपनी नींद ढूँढ़ रही हो

शोरों और संगीत में कहीं कुछ नहीं है जो तुम्हारे दर्द से अलग
कोई नया अनुभव हो बेडौल पत्थरों की इस घाटी में
कहीं ज़िन्दगी नहीं केवल एक अभिशाप का अजाना सम्मोहन भर है...

तुम्हारे फड़कते हुए होंठों पर टूटते शब्द मुझे तुम्हारी
नीली अतृप्तियों की सुरंगों तक ले जाकर छोड़ देते हैं हिंस्र
और पराजित

और तुम्हारी गोपन कामनाएँ विवशताओं में नितान्त अकेली

हो जाती हैं हर बार तुम अपनी बाँहें आकाश की ओर उठा देती हो

मैं तुम्हारे वक्षोजों पर तुम्हारी उठी हुई असहाय बाँहों पर
तुम्हारे भयद अन्धकार पर एक धड़कता हुआ प्रकाश लेख
लिख देना चाहता हूँ अस्तित्व के सारे अर्थ समाप्त करता हुआ

लेकिन
तुम्हारे आसपास एक सभ्य अँधेरा है,
और वीनस की बिना बाँहोंवाली मूर्ति सी तुम उसी अँधेरे की
चालू औपचारिकता में शामिल कर ली जाती हो
तुम्हारे इर्द-गिर्द की दुनिया में पारस्परिक निर्ममताएँ और घृणा
स्वाभाविक आचार हैं और मेरे पागल आवारा शब्द वहाँ नहीं
जाना चाहते...और फिर भी मैं निरन्तर अपनी भाषा को
तुम्हारे उपयोग की कोई मुद्रा बना सकने के लिए उत्तेजना में
दौड़ता रहता हूँ एक अँधेरे से दूसरे अँधेरे तक

लम्बी चुप्पियों के तनाव भरे तन्तुजाल बुनते हैं हमारे सम्बन्ध
और मेरे अग्निभरे शब्द मुझमें पिघले हुए लावे से दौड़ते हैं
मेरी युवा चीख़ों के पार तुम्हारा उदास प्यार
मेरी दरकती मांसपेशियों से दूर...दूर...दूर
बहुत दूर होता चला जाता है मेरे निरभिमान समर्पण को
दराँतियों से फाड़ता हुआ

गर्मियों की उचाट दोपहरियों में शरद के सुनहरे धूप भरे दिनों में
या वसन्त की नन्ही चिड़ियों और फूलोंवाली शामों में
एक ही तरह तुम बियाबान में आँसुओं में निःशब्द
जिस पौराणिक अनिर्वचनीय को दुहराती हो : कुछ नहीं है वह
तुम्हारी काली दुनिया के अँधेरे का रहस्य : और रहस्य कुछ नहीं
है कहीं तुम्हारी सोयी आत्मा की अन्तहीन धुन्ध के सिवा

एक झूठा नगर धर्म तुम्हें भय देता है
और मैं जानता हूँ कहीं नहीं था वह अन्धकार
जो तुमने जिया है
कहीं नहीं वे भय जिन्होंने तुम्हारी उम्र के वर्षों को
लिया है...और मैं चुप हूँ

और मैं चुप हूँ
मगर मेरी दुर्दम हिंस्रताएँ हर बार लौटकर मुझसे उत्तर माँगती हैं
और मैं चुप हूँ क्योंकि वह जो तुम्हारी आत्मा में कुंडलियाँ मारे
बैठा है सदियों का बूढ़ा नरक है
मुझसे नहीं टूटता इस अँधेरे का मायाजाल
और मेरे समर्पण की सारी अन्तरंगता मुझ तक लौट आती है
असंवेदित मृत...और फिर भी पूर्ववत् तना रहता है हम पर
अपनी पाशविक अपरिहार्यता फैलाये हमारा सम्बन्ध

आसमान और रंग भरे बादल और दृश्यावलियाँ सब
मेरे लिए बन जाते हैं एक प्रश्नाहत विक्षेप और पता नहीं
कब से कब तक के लिए ऋतुएँ गुनती हैं एक सम्बन्ध

1970

पिछले बरामदे में

पिछले बरामदे में काई के रंग का एक गुलदान है
पिछले बरामदे में एक सूना गुलदान है
फूल नहीं हैं पत्तियाँ नहीं
डूबते दिन का ठहरा हुआ पानी है सेंवार भरा
पिछले बरामदे में
जहाँ पिछले भादों में अपशकुन के काले पंछी
अपने पंख गिरा गये हैं

वहाँ उदास लड़कियाँ और पिटी ब्याहताएँ
आकर बैठती हैं अपना क्या कुछ बतियाती हुईं

वहीं से समेटती है बदरी की भीगी साँझ
दिन-भर की ऊब
महरी
अलगनी से कपड़े घर भर के
हवा
हल्दी की मरती हुई महक

उस गुलदान में कितनी रातों की कराह है
कितने दिनों की राख
कोई क्या जाने

1970

तट पर

ये जहाज़ यहाँ तट पर खड़े हैं
और उत्सव मनाये जा रहे हैं रात दिन

जहाज़ी बरसों से शराब पीते
एक-दूसरे को गालियाँ बकते
लम्बी छायाओं वाली शामों के काले हाशियों पर
पछाड़ खा रहे हैं
तिरंगे कफ़न में लिपटा है
सम्भ्रान्त
नागरिक संसार

गौरैया न जाने किन अज्ञात चीज़ों के बीच
चुगती रहती हैं दाने
जहाज़ों के लिए
ईंधन नहीं है नगरों में

समुद्र
वक़्त की लस्तपस्त जीभ है

नींद में चीख़ते हो तुम
"हमें अभी यहाँ से चल देना चाहिए"

किसी भी सुबह भरोसे के साथ
क्यों नहीं चल दिया जा सकता
जब रुके जहाज़ों पर
सूखे पत्तों पर, नाचघरों में

हर कहीं
ख़ून बिखरा पड़ा है

हर कहीं है ख़ून-रेत में दफ़नाया जाता हुआ
धूल में गुम होता हुआ
अँधेरे शब्दों में अर्थ खोता हुआ
आदेश भेजती टेबलों पर ख़ून
स्याही की दावातों में
ख़ून स्कूलों में, पार्कों में
दस्तानों से ढँके ठंडे हाथों में

ख़ून याददाश्त में सुलगता हुआ...

तो फिर क्यों यह नींद की चीख़
तो फिर
क्यों यह नींद में चीख़ में क़ैद ज़िन्दगी
तट पर

1972

इन्तज़ार

किसी ने राह चलते कहा, "मौसम बदल रहा है
हवा का ढब बदल गया, पेड़ पत्तियाँ गिरा रहे हैं"

मेरे आसपास डूबती शाम के जुलूस से लौटते थके चेहरे हैं
मौसम कहीं नहीं है
मौसम की गुज़रती हुई बातचीत, यों ही
बस यों ही आदतन

ढहते शरीरों के मलबे से पटा अँटा दूर तक
रास्ता क़दम-क़दम सन्नाटा है

हर रात की तरह आज भी करोड़ों ऐंठती आँतों में
रात एक बेहोशी की तरह अँधेरा लिये पैठ रही है
धीरे
बहुत सी धुँधली यादों को नयी चिन्ताओं में गुम करती

ओस की बूँदें इन्तज़ार कर रही हैं
घास पर
घरों के मुँडेरों पर
डरपोक फीकी रोशनी में झिलमिलाती हुई
ज़िन्दगी के हज़ार प्रसंगों में तमतमाए हुए

हम भी इन्तज़ार कर रहे हैं

हर रोज़ हमारे एक इन्तज़ार और दूसरे इन्तज़ार के बीच
कई-कई पटाक्षेप होते हैं, राल गिराती इच्छाओं की भाग-दौड़ में
हम समझौतों की कोशिश करते हैं
सामयिक पीड़ाओं के पहाड़ों में अपनी सुरक्षित खोह ढूँढ़ते
इन्तज़ार करते हैं

हम एक लम्बे इन्तज़ार की पैदाइश हैं
हमारी मौत है एक लम्बे इन्तज़ार की मौत
और यों
हमारा इन्तज़ार अनगिनत खुरदरी यादों की
करोड़ों उम्रों की एक लम्बी उम्र होता है
जो कभी भी ख़त्म होता है—अचानक
वक़्त से थोड़ा अफ़सोस माँगता हुआ जाते-जाते आख़िरकार

रात होती है घरों की सूनी तलहटियों में
हम सो जाते हैं
गुम हो जाते हैं ऊदी झपकियों के झीने जाल में

बड़ी बातों अख़बारों और तड़फड़ाती खीझ की दुनिया से
मैं गिरता हूँ धीरे-धीरे
पैबन्दवाली नींद में
सारे
हाथ
साथ
छोड़ता हुआ
नींद से सपने में

मैं अपने पिता को देखता हूँ बरसों की मौत लाँघकर खड़े

खाँसते हुए
उनकी फ़सलें उनके चारों तरफ़ पकी खड़ी होती हैं जड़
उनकी पीठ के पीछे सूरज उगता है और बड़ा होता है

यह कैसा सूरज है
यह कैसा सपना है
धूसर आग फेंकता सूरज मुझे अन्धा करने लगता है
पिता सिर्फ़ खाँसते हैं, काँपते हैं और खाँसते हैं
धूसर आग, धूसर खेत और पथरायी खड़ी फ़सलों के बीच
आसपास हर कहीं एक कसे हुए ख़ालीपन में
हवा और रोशनी की नीली आहटें रह रहकर
भूरी मेंड़ों से टकराती हैं

एक प्रकाशित हाथ दिखता है जो ठहरा है सूरज के सामने
दूसरा अँधेरे में उभरता है और मेरी तरफ़ बढ़ता है
काठ-कलेजे की असम्भव सिसकी सा
चुनौती की तरह
मेरी तरफ़

अँधेरे से उभरता वह हाथ
मेरा चेहरा पलटता है
मेरी ठोड़ी उठाता है
मेरी बरौनियों की थरथराहट महसूस करता है
मेरे होंठों में
सदियों के अनुभव और शाप की धूल से बटोरे गये
कुछ शब्द डालने की कोशिश करता है

फिर
धीरे-धीरे
मेरा सपना दिनचर्या के मनहूस कुहराम में खुलता है

जहाँ लगातार बौद्धिक मित्र शत्रु कलाकार
दर्शक दीर्घाओं में शब्द चबाते बैठे होते हैं
नेपथ्य के कोहरे में महिलाएँ नर्वस ब्रेकडाउन का शिकार होने लगती हैं
मैं अपनी स्मृति से ख़ून में सने चेहरे निकाल निकालकर
दर्शकों में फेंकने लगता हूँ
और
एक बदहवास भगदड़ में अपनी छोटी-छोटी ख़ुशियाँ बचाये
मुट्ठियाँ भींचे
एक लम्बी छलाँग लेता हूँ
कि अचानक कोई कौंध मेरी नींद के सारे दृश्य पोंछती
सब कुछ को चौंधियाती अन्धा कर जाती है
चीख़ने की कोशिश में मेरे बेआवाज़ होंठ फड़फड़ाकर रह जाते हैं
मेरा सपना कई-कई भूमंडलों को लाँघता हुआ
मेरे सीलन भरे घर में वापस लौट आता है...

हर बार कुछ टूटने की आवाज़ आती है
कि आधी रात को माँ जगकर बैठ जाती है उकड़ूँ
उसकी गाँठदार कराहें चिन्दी-चिन्दी घर में बिखरने लगती हैं
अपने आँसुओं भरे चेहरे के बचाव के लिए
अपनी मलगुज्जी साड़ी से चेहरा छिपाये
वह सूखी खड़ी फ़सल हो जाती है
माँ ख़ाली खेत और मिट्टी हो जाती है
माँ फिर धीरे-धीरे
स्तब्ध घरेलू अँधेरा
और धीरे-धीरे
इन्तज़ार हो जाती है

मैंने जीने का तरीक़ा मरती हुई चीज़ों से सीखा है
आदमियों और वनस्पतियों से
जिन्हें क्षण-क्षण विकराल होती एक क्रूर भयावहता

लपेटती जाती है
ज़िसकी जड़ें
हमारे घरों तक बिस्तरों और चूल्हों तक
ज़मीन के नीचे-नीचे रेंगती चली आती हैं

मैं हर सुबह उठकर सोचता हूँ
अपनी हथेलियों और दीवारों पर आँखें घुमाता हुआ
कि सिर्फ़ पिछली रात ही कुछ ग़लत था
मगर कई चीज़ों पर होते हैं ख़ून के ताज़ा निशान
और मेरा चेहरा एक-दूसरी नींद में दफ़्न होने लगता है
सुबह की हल्की आवाज़ें आती हैं
मैं सुनता हूँ कई तरह की टकराहटें
हवा में डूबती हुई...

1971

न लिखी गयी कविताएँ

ओस की तरह जो हमारे अस्तित्व में झरती हैं
अतलान्त कोहराम में
कविताएँ
रोज़मर्रा की धूप में गुम हो जाती हैं

लेकिन छोड़ जाती हैं
जंगली हथिनियों सी भारी पाँवों के निशान
शब्दों की गूँज
मधुमक्खियों के आवारा गीतों सी रहस्यभरी

हम उनकी छायाओं को तलाशते हैं रात-बिरात
मशालों की रोशनी में

हमारे थके सँवलाये हाथ उन्हें बुलाते हैं
एक अपमानित भाषा में प्रकट होने को

1972

चट्टानों पर एक दौड़ है लम्बी

चट्टानों पर एक दौड़ है लम्बी
और दौड़ते जाना है
गिर न जाएँ थक टूटकर
जब तक
आख़िरी नींद में

तब भी दौड़ती रहेंगी हमारी छायाएँ

वहाँ शिखरों के पार
उस घाटी में
क़ौन है बिल्कुल मुझी सा
अपने खोये हुए तीर ढूँढ़ता
धनुष की डोर कसे
फिर भी

किसकी है यह दौड़
और आखेट किसका

1976

बाबूश्का, प्यार-1

एक बेचैन फड़फड़ाहट है राख से उठते फ़ीनिक्स* की
मुझे आवेग की नयी भाषा में रचती हुई
मेरी हथेलियाँ हैं वहाँ मेरी उँगलियाँ मेरी बाँहें
पसीने और आग में
पसीने और आग में धड़कता मेरा सीना

और अचानक कुछ नहीं है वहाँ
सिर्फ़
हमारी मिट्टियाँ हैं जिन्हें
गूँध रहे हैं हमारे ज्वार

हम हैं कोई अपूर्व शब्द जो नयी ध्वनि
और नये अर्थ का उजाला है
एक शब्द है तुम्हारा शरीर मेरा शरीर
एक पाल है धूप और हवा से भरी
एक यात्रा है वर्जित दिशाओं और समुद्रों की

एक फड़फड़ाहट है आकाश

जो एक पकती हुई रोटी है
और आँच है

जो एक सच है जिसमें सात समुद्र गा रहे हैं
जिसमें झुलसी हुई चीज़ों पर
रात
ओस गिरा रही है

और एक संसार है उत्तप्त
इन पलों में
जिसमें रोने की आवाज़ कहीं नहीं है

1978

*ग्रीक पुराणकथा का एक पक्षी जो बार-बार अपनी राख से जीवित हो उठता है।

बाबूश्का, प्यार-2

कई ब्रह्मांडों का शान्त नीलापन
बेहद तेज़ नाचते कई-कई
सौर मंडल

ताँबे के पहाड़ों पर पारदर्शी पँखुरियोंवाले
फूल

1980

घास, तिनके, फूल-पौधे

घास, तिनके, फूल-पौधे
हैं पहाड़ों के अनेक
मैं इन्हीं में हूँ
टिकाये माथ पत्थर पर

ताकता—नीरंग राहें बादलों की

हृदय है मेरा शहद का कोष
भरा सदियों के सहज श्रम से
डबडबाया हुआ
सदियों की स्मृति में
कोष—जन जन का
कोष—भाषा का

इन पहाड़ों के दिये आशीष लेकर
लौट जाऊँगा धैर्य पत्थर का लिये
आँसुओं के महासागर में
जहाँ पत्थर हमारे
तप रहे हैं

बियोत, 1978

आधी रात को दिमाग़ के नीम अँधेरे दरवाज़ों से

आधी रात को दिमाग़ के नीम अँधेरे दरवाज़ों से
घटनाओं के पुराने कपड़े पहने
बूढ़ी औरतों सी आती हैं यादें
एक अभावग्रस्त कवि का माथा सहलाने

फुसफुसाते हुए शब्द थिराते हैं
ख़ून की वेगवती नदी में
दूर से आते पत्थरों की तरह–

हम उन दिनों की गूँगी परछाइयाँ हैं
जिनमें तुमने रचे सम्बन्ध, घटनाएँ
जो नष्ट होता रहता है
हम सिर्फ़ उसकी गवाहियाँ हैं

जब नष्ट हो जायेंगे घटनाओं के शरीर
हम उनके प्रसन्न और उदास रंग लिये
आयेंगी तुम्हारे पास
झुर्रियों भरे हाथों से तुम्हें असीसने

तुम्हारी बरौनियों में फँसी धूल और आँसू
पोंछने, पतझड़ में भटकते, ओ कवि

एक हरा पेड़ है भविष्य
जो हर सुबह के उजास में उगाता है नये पत्ते
और वहीं कहीं तुम्हें भी होना है
जड़ों के पास

1978

वह किसान औरत नींद में क्या देखती है

वह किसान औरत नींद में क्या देखती है
वह शायद देखती है अपने तन की धरती नींद में
वह शायद देखती है पसीने से भरा एक चौड़ा सीना
इतना चौड़ा कि वह ढँक ले सारी धरती
वह शायद देखती है दुःस्वप्न में ठहरे हुए दृश्य सा
एक थाली भात

वह देखती है ख़ुद को एक गुज़री हुई लम्बी दोपहर में
पहली बार स्वाद से खाते चूल्हे की मिट्टी को
वह देखती है सारी सृष्टि रची जाती हुई
वह देखती है वहीं कहीं टकटकी लगाये बच्चे की आँख
हर रोज़ अनगिनत आसें लिये

वह औरत न जाने किसे एक बहुत लम्बी चिट्ठी
लिखना चाहती है लिखना न जानते हुए भी
अचानक नींद में

कि कहीं से चला आता है बी डी ओ अपनी जीप लिये
वह औरत शायद देर तक भागती है
फिर ख़ुद को नंगी पाती है
वह औरत सुनती है मुखिया की हँसी दूर तक नींद में

और बंगाले की जूट मिल में हाड़ गलाते
मरद को
सचमुच कहीं नहीं पाती आसपास
नींद में

1979

रात के अँधेरे में उधार के तम्बाकू के साथ

रात के अँधेरे में उधार के तम्बाकू के साथ
सुलगता हुआ
हड्डियों और जोड़ों के दर्द में
करवटें बदलता
धुँधुआता हुआ दिनचर्या की धूल में लथपथ
पसीने में

मेज़ पर पड़े सिक्कों से अगले दिन की ज़रूरतें तोलता

एक आदमी
प्रतीक्षा करता है मन-ही-मन किसी चमत्कार की
यह जानते हुए
कि तमाम जादुई क़िस्सों को
कब की चुग गयीं
बचपन के आँगन की भूरी गौरैयाँ

उसकी स्मृतियाँ नदियों से वंचित होती गयी हैं
उसकी आत्मा से अदृश्य चाकुओं ने तराश लिये हैं
वे हिस्से जहाँ आग फूट सकती थी

उसके कानों में भरती गयी है आतंक में गूँजती एक लम्बी चीख़

उसके रक्त से सोख ली गयी हैं आकाश सरीखी आकांक्षाएँ

फिर भी वह गुनगुनाता है एक आदिम धुन
जिसकी ध्वनियों पर भारहीन तैरता है उसका हृदय
उसके होंठ फिर भी
कुछ निषिद्ध शब्दों के आकार दुहराते हैं
थिर निस्तब्धता में

किसी खँडहर में जलती दो मोमबत्तियों सी
उसकी आँखों के
झिलमिल पानी में फिर भी जगते हैं
कई वर्जित स्वप्न कई वर्जित रंग
कई इच्छाओं के सूरजमुखी फूल
जगती हैं ज़िद भरी हरीतिमाएँ
जो धूप भरे दिनों की पोर-पोर से उगा करती हैं

बहुत क़रीब से दिखेगा यह सब
उसके चेहरे को देखो

मेरे चेहरे को ग़ौर से देखो

1979

अविनय अनुनय कोई

एक दृश्य ओझल हो गया जिसमें मेरा बेटा था

एक दृश्य गुम हो गया जिसमें मेरी माँ थी

कितनी अक्षौहिणी सेनाएँ लिये आते हो जीवन
कितना रक्त चाहिए
कितना रक्त
एक आदमी से

होने दो उसे उतना सा वह
कम-से-कम
जो उसे होना
(ही)
है।

1980

व्यक्तिगत

इस बारिश में
मैं ताज़ा घास की हरी गन्ध से
भरता जाता हूँ रास्ते से गुज़रते हुए

देखे तुममें से कोई या न देखे
यों डबडबाती हैं अजीब ख़ुशियाँ
एक मौसम की
गँवार आदमी के अँधेरों में

1980

बोन् नुई

अगली सुबह तक के लिए
विदा लेते
हाथ हिलाते

पहले अदृश्य होते हैं
बैंजनी फूल
तब झाड़ियाँ धब्बों सी
फिर पेड़
शाम के धुन्ध भरे जादू में

हल्की रोशनियों में
मद्धम संगीत
थरथराते धार में बहते जाते
दियों सा

कहवाघरों में
दीखते हैं
झींगुर
नाटकीयता में मुस्कुराते

आती है एक लड़की

दाख के सुर्ख़ ख़ून से भरे
गिलासों और पत्तों से उड़ते शब्दों की भीड़ में
रचती है स्वरों का एक बाग़

जिसमें वायलिन
पूरी शाम पर छायी एक गूँज
हो जाती है

उठते हैं
उसके गुलाबी उरोजों के बेचैन सेब
आकाश की ओर

सुलगता दिखता है
एक कटा सेब
घाटियों पर टलहता एक गुलाबी सेब
घाटियाँ
उसकी ख़ुशबू से भर गयी हैं

एक दृश्य है जिसमें तमाम गतियाँ
तमाम जड़ चीज़ें लीन होती जाती हैं
एक तरल रंग है जिसमें तैरती हैं संख्यातीत ध्वनियाँ
एक लम्बा विलाप है जिसमें कुलाँचती ख़ुशियाँ हैं

एक बाग़ है स्वरों का
एक गुलाबी सेब
घाटियों पर टहलता

उसने थकी उँगलियों से अपनी
वायलिन
उतारकर कहवाघर की मेज़ पर रखी

और सिक्के गिनना शुरू किया

रात हो गयी है

बोन् नुई*

1978

*शुभ रात्रि

जिस दिन मैं घर से चला था
सुबह-सुबह
ओस में भीगा एक घोंसला ज़मीन पर गिरा था

माई, मुन्ना भैया और एलिज़ाबेथ के लिए

माँ के लिए कुछ कविताएँ

तलाशी

वे घर की तलाशी लेते हैं
वे पूछते हैं तुमसे तुम्हारे भगोड़े बेटे का पता ठिकाना
तुम मुस्कुराती हो नदियों की चमकती मुस्कान

तुम्हारा चेहरा दिये की एक ज़िद्दी लौ सा दिखता है
निष्कम्प और शुभदा

1976

मैं तुम्हें नहीं लिखूँगा

मैं तुम्हें नहीं लिखूँगा कि मेरी आँखें ख़राब हो गयी हैं
मैं नहीं लिखना चाहता कि एक जुलूस में पिटने के बाद
मेरे दाहिने घुटने में लगातार दर्द रहता है

एक सरकारी आदमी मेरी परछाईं से ज़्यादा घंटे
मेरे इर्द-गिर्द गुज़ारता है

मैं लिखूँगा और तुम रोओगी सारी रात
कि कई-कई शामें चली जाती हैं यों ही बिना कुछ खाये

जब मैं तुम्हें लिखने बैठता हूँ
मेरी उँगलियों पर तम्बाकू के दाग़ चमकते हैं

मैं क़लम वापस बन्द कर देता हूँ

1978

एक थका सैरा : नयी दिल्ली

वन्दना मिश्रा बुख़ार में भी दफ़्तर जा रही है
क्योंकि उसकी सारी छुट्टियाँ ख़तम हो चुकी हैं
कभी-कभी वह
अपनी माँ और पिता के बारे में
सप्रू हाउस के लॉन पर बैठी सोचती है
रविवारों को
और आँखें पोंछकर श्रीराम कला केन्द्र चली जाती है

स्मृतियों में क्या रहता है देर तक
अमजद अली ख़ाँ का सरोद
या सड़क दुर्घटनाएँ और हड़हड़ाती हुई बसें

मैं उस पेड़ सा खड़ा रहता हूँ देर-देर तक
मंडी हाउस के गोल चक्कर पर
जिसके पत्तों से टपकता रहता है अदृश्य हो चुका
पिछली बारिशों का पानी

किसी फ़ौजी जूते सी
समय की निस्संग अनन्तता में
बहती जा रही है नयी दिल्ली

1979

बचपन। गाँव। घोंसला। रात

मोर नाचते हैं शीशम के जंगल में
डालों के झुरमुट में घूमता है
बूढ़ा चौकीदार–पूरनमासी का चाँद

परती के बीच एक घर है
जहाँ बच्चे सोये हैं
जहाँ माँ सोयी है
लटक आते हैं छप्पर से गेहुँअन करइत

जहाँ आँगन में रातभर चमकती है एक कुदाल

1979

वह इच्छा है मगर इच्छा से कुछ और अलग

वइ इच्छा है मगर इच्छा से कुछ और अलग
इच्छा है मगर इच्छा से ज़्यादा
और आपत्तिजनक मगर ख़ून में फैलती
रोशनी के धागों सी आत्मा में जड़ें फेंकती

वह इच्छा है
अलुमुनियम के फूटे कटोरों का कोई सपना ज्यों
उजले भात का

वह इच्छा है जिसे लिख रहे हैं
खेत मज़दूर छापामार और कवि एक साथ

वह इच्छा है हमारी
जो सुबह के राग में बज रही है

1980

जिस दिन मैं घर से चला था

जिस दिन मैं घर से चला था
सुबह-सुबह
ओस से भीगा एक घोंसला ज़मीन पर गिरा था

प्लेटफ़ार्म की भीड़ में छिल गयी थी मेरी मुस्कुराहट
मैंने कहने की कोशिश की थी–'विदा'
'फ़िलहाल...विदा'
मगर इसके पहले कि वे शब्द तुम तक जाते या
ख़ुद मेरे कानों तक भी
उन्हें लपककर उड़ा ले गयी धूल भरी हवा
क़साइयों के मुहल्ले की तरफ़
क्योंकि बचपन के ताज़ा ख़ून से भरे शब्दों की माँग
लगातार बढ़ रही थी उस शहर में

धुएँ से भरी एक पुरानी लालटेन और कई साल
फटी रज़ाइयों में लिपटी सर्दियाँ और कई साल
खपरैल छप्परों की एक फीकी उदास दुनिया और कई साल

शाम के आसमान में टँगी एक फूटी स्लेट और कई साल
क़िश्तों में रेंगती मौत और कई साल

साल दर साल पैबन्द लगे साल दर साल खाँसते साल दर साल
सूखे पत्तों भरे
उतर
आये
थे
विदा में उठे
नामालूम सिहरन में हिलते उस हाथ के क़रीब
जो तुम्हारा था
विदा में उठे उस हाथ के लिए थे वे कुछ शब्द
उन्हें उन हाथों ने नहीं सुना
और वे क़साइख़ाने की ओर ले जाये गये

आज तक घूमता है मेरी स्मृति के कोटरों में
प्लेटफॉर्म की भीड़ में धुँधला होता तुम्हारा थका
हिलता हाथ
जब नींद में जागते हैं साल दर साल जब
लाखों साल की दन्तकथाएँ वापस लौटती हैं नींद के प्रतिसंसार में
जब जीवित होते हैं तमाम पत्थर क़िलों, पार्कों, मन्दिरों और
ड्रॉविंग रूमों में अतीत उगलते
भटकता है वह हाथ तुम्हारा जो विदा में उठा था

और इतिहास में जिसका कोई ज़िक्र कभी नहीं होना है

राजधानी में अपनी एक वर्षगाँठ पर

किसी पाठ्य पुस्तक में नहीं लिखा था
कि किसी मंगोल विजेता की चमकती आँखों सी
होती हैं क्रूर चमकीली राजधानियाँ
किसी अध्यापक ने मुझे नहीं बताया था
कि राजधानी में होते हैं कुछ चमत्कारी मछुए
जो फेंकते हैं हर पाँच साल पर
खेतों और रक्तपायी कारख़ानों की तरफ़
मुहावरों और कभी न पूरे होनेवाले सपनों का एक महाजाल

किसी ने नहीं कहा था
कि यहाँ बच्चों की भूख से फैली हथेलियों के पास
हेसेलब्लाड और लाइकाफ्लेक्स टिकाये घूमते हैं पर्यटक

मुशहरी के बारूद भरे फूलों ने मुझे कभी नहीं कहा था
कि कुछ और फूल हैं जिन्हें ख़ून से सींचा जाता है
और जो खड़े रहते हैं असंग झूमते राष्ट्रपति भवन के बाग़ में

ख़तम हुआ एक और साल एक और मैली गाँठ लगी
इस तिलस्मी नगर में
जहाँ से फ़ाइलों में बन्द आदेशों के कुल्हाड़े चलते हैं
और किसी जंगम भूमैया किसी किश्ता गौड की गर्दन पर

‘खच्च’ की डरावनी आवाज़ के साथ गिरते हैं

माँ, दिल्ली में बाइस दिसम्बर की इस साँझ में
प्रधानमन्त्री के लॉन पर प्रसन्नमुख फुदक रहे हैं बहुत से विदूषक
बहुत से लेखक-पत्रकार बहुत से तारनहार बहुत से देश के रखवार

सीमेंट और कंक्रीट की बनी महान आत्माएँ

अशोक होटल के कॉन्वेंशन हाल में
नाचती हुई लड़की की नृत्यलय में
खो खो जाती हैं हथकड़ियों और बेड़ियों की आवाज़ें

आज रात सोने से पहले, मैं सोचता हूँ, मुझे
ख़ुद को बधाई देनी चाहिए

1978

देवताओं का स्वप्न

बादल गरजते हैं और बारिश होती है मूसलाधार
पहाड़ रोते हैं और नदियाँ उमड़ आती हैं
भाषाओं के नीले क्षितिज की दूसरी तरफ़
एक आदिम मौन की लपट में
सारे कोलाहल लय हो जाते हैं

तब वे औरतें आती हैं जिन पर
देवताओं की कृपा से बलात्कार हुए थे
फिर वह सारा रक्त आता है जो अदृश्य हो गया था
और सागरों सा हाहाकार करता बहने लगता है
उत्ताल

तब वे घर दिखते हैं जिन्हें
वसन्त के हरे-भरे संगीत में जला दिया गया था
प्रकट होते हैं तालियाँ बजाते पुराने दरवाज़े
तड़तड़ाती हुई नाचती आती हैं खिड़कियाँ
जंगली ताल गुँजाते आते हैं रसोई के बर्तन

फिर वे देवता
जो बारी-बारी दुनिया को रचते

चलाते
और नष्ट करते जाते थे

दिखते हैं भागते हुए

1979

मैं आऊँगा

गेरू से बनाओगी तुम फिर
इस साल भी
घर की किसी दीवार पर ढेर-ढेर फूल
और लिखोगी मेरा नाम

चिन्ता करोगी
कि कहाँ तक जायेंगी शुभकामनाएँ
हज़ारों वर्गमील के जंगल में
कहाँ-कहाँ भटक रहा होऊँगा मैं
एक ख़ानाबदोश शब्द सा गूँजता हुआ

शब्द सा गूँजता हुआ
सारी पृथ्वी जिसका घर है

चिन्ता करोगी
कब तक तुम्हारे पास लौट पाऊँगा मैं
भाटे के जल सा तुम्हारे बरामदे पर

मैं महसूस करता हूँ
तुलसी चबूतरे पर जलाये तुम्हारे दिये
अपनी आँखों में

जिसमें डालते हैं अनेक-अनेक शहर
अनेक-अनेक बार धूल

थामे-थामे सूरज का हाथ
थामे हुए धूप का हाथ
पशम की तरह मुलायम उजालों से भरा हुआ

मैं आऊँगा चोटों के निशान पहने कभी

1980

आहटें आसपास

कितनी छायाएँ कितने हथियार चीख़ें कितनी
कितनी रोटियाँ कितना नून
कितने अदृश्य अपराध

सब कुछ धो डालती सी बारिशें
फिर कितना अन्धड़ कितनी लू

कितना यह संचय सब
सदियों से कितनी व्यथाएँ हाथ बाँधे
कितना बड़ा ढोने का इतिहास

सुनो
कितनी-कितनी
आहटें
कितनी-कितनी आहटें
आसपास

1980

●●●